NOTICE BIOGRAPHIQUE

SUR LE DOCTEUR

PAUL PLANTÉ

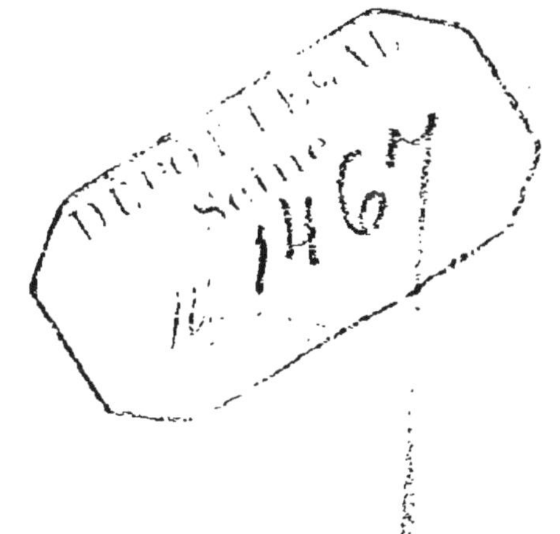

PARIS. — IMPRIMERIE VICTOR GOUPY
RUE GARANCIÈRE, 5.

NOTICE BIOGRAPHIQUE

SUR LE DOCTEUR

PAUL PLANTÉ

(DE MARTIGNY-LES-BAINS)

PAR LE

DOCTEUR GUENIOT

SON AMI ET SON COMPATRIOTE

La mort a des rigueurs à nulle autre pareilles.

(MALHERBE.)

Avec un portrait photographique.

PARIS. — M.DCCC.LXX.

PAUL PLANTÉ

(DE MARTIGNY)

Parmi les hommes privilégiés auxquels la Providence semble avoir prodigué ses dons, il en est qui, favorisés d'une longue et bienfaisante existence, n'arrivent au terme de leur mission civilisatrice qu'après avoir traversé les dernières phases de la vieillesse. D'autres, au contraire, à peine affranchis des préoccupations d'une jeunesse laborieuse, sont prématurément arrachés aux ardentes sympathies qu'ils avaient partout conquises. Ils succombent au début de la carrière, entourés des regrets les plus amers et laissant leurs projets inaccomplis. Telle fut la douloureuse destinée de celui dont une plume amie voudrait consacrer le souvenir dans quelques pages dédiées à sa chère mémoire.

I.

Paul Joseph Planté, docteur en médecine, licencié en droit, membre de plusieurs sociétés scientifiques ou charitables, naquit le 26 juin 1842, à Martigny-lez-Lamarche, village important des Vosges, aujourd'hui nommé Martigny-les-Bains. Dès sa plus tendre enfance, il reçut, avec le lait maternel, les soins affectueux et vigilants d'une famille tout heureuse de le posséder. Ce bonheur bien légitime était, d'ailleurs, parfaitement fondé; car, l'enfant dont on accueillait ainsi la naissance devait être un jour l'orgueil et l'unique espoir de ses parents.

Elevé dans une modeste abondance, Paul passa joyeusement ses premières années au milieu des distractions et des jeux propres à son âge. La frivolité de l'enfance, toutefois, n'absorbaient pas entièrement ses pensées. De bonne heure il apprit à réfléchir et à considérer le côté sérieux des choses.

Une sœur aînée partageait avec lui la tendre sollicitude de ses parents, et, pour tous deux également, ceux-ci s'ingéniaient à trouver, dans le milieu agricole où ils vivaient, les moyens d'éducation les plus doux comme les plus efficaces. Chaque jour, plusieurs enfants du village étaient rassemblés dans la maison paternelle et constituaient, avec nos jeunes privilégiés, une petite société choisie. L'instituteur primaire venait alors présider la réunion, modérer l'ardeur des plus turbulents et donner à tous les premiers éléments d'instruction. Ainsi pratiquée au sein de la famille, cette méthode d'enseignement réalisait en partie les bienfaits de l'éducation particulière et les avantages de l'éducation collective. Elle avait, en effet, pour résultat non - seulement de faire naître, chez ces enfants, le sentiment de l'obéissance et du devoir, mais encore de stimuler leur zèle pour l'étude, et d'exciter en eux cette émulation féconde qui suractive si fructueusement le travail de l'intelligence.

De telles conditions étaient bien propres à favoriser le développement des facultés naissantes de Paul Planté. Aussi, dès l'âge de neuf ans, se faisait-il déjà remarquer par la maturité de son esprit et par la finesse de ses réparties. Comme on lui reprochait, un jour, de n'avoir pas obtenu de témoignage de satisfaction : « vous ignorez donc, répondit-il, que les *bons points* de notre maître ne signifient rien. Voulant plaire à tous, il cherche naturellement à ne blesser personne. Voilà pourquoi chacun de nous, à son tour, devient son favori de la semaine. » Et cette réflexion, aussi maligne que spirituelle, ne manquait paraît-il, ni de justesse, ni de vérité. Car, le vieux maître tenant, sans doute, à prémunir ses élèves contre tout sentiment de jalousie, leur partageait les récompenses plutôt qu'il

ne les conférait aux plus méri-
tants.

* * *

Après avoir recueilli, aux leçons
familières de l'instituteur communal,
tout le savoir d'un bon écolier de
village, le docteur Planté quitta les
douceurs du foyer paternel pour la
vie plus austère du collége. Il était
alors dans sa dixième année. Comme
on le pense bien, la séparation fut
pénible. Un enfant de cet âge, habi-
tué aux délices de la vie de famille,
n'abandonne pas sans regret les ten-
dresses maternelles. Heureusement,
la future demeure se trouvait peu
distante de Martigny : une lieue à
peine l'en sépare. Grâce à cette circonstance, l'amertume des adieux

fut beaucoup adoucie, et l'enfant put emporter avec lui le consolant espoir d'être souvent visité dans son nouveau séjour.

Paul Planté entra donc, le 24 avril 1852, au collége de la Trinité. Cet établissement, situé dans un lieu pittoresque aux portes de la petite ville de Lamarche, jouissait alors d'une grande et légitime prospérité. Le savant abbé Henry, son fondateur, le dirigeait depuis douze ans avec un zèle infatigable. En se consacrant à une telle œuvre, ce prêtre vénérable dont la bonté égale le dévouement avait pour but de former, non pas de vaniteux discoureurs ou des pédants infatués de leur demi-savoir, mais des jeunes gens modestes et vertueux, doués d'une instruction aussi solide que variée, tels, en un mot, que doivent être des hommes de bonne éducation, appelés à rendre bientôt d'utiles services à la société.

L'instruction que recevaient les élèves de la Trinité était ainsi, non-seulement littéraire et scientifique, mais encore essentiellement morale et religieuse. Loin d'être négligé, l'enseignement du dessin, de la musique, et des arts d'agrément en général, se trouvait confié à des maîtres spéciaux et distingués.

Pour des enfants, dont le plus grand nombre appartenait à la contrée même, on ne pouvait assurément souhaiter des conditions plus propices ni des garanties plus certaines de succès à venir. C'est aussi ce que M. Planté, dans sa clairvoyance paternelle, avait bien compris lorsqu'il résolut de placer son fils, quoique si jeune encore, sous la direction de M. Henry et de ses dignes coopérateurs.

Au collége, Paul Planté ne tarda pas à justifier les espérances que son heureuse nature avait fait concevoir. Élève docile et studieux, il apportait dans l'accomplissement de ses devoirs autant de zèle que d'intelligence. Une gravité réfléchie, peu commune à cet âge, semblait présider à tous ses actes. En récréation comme à l'étude, on reconnaissait toujours l'esprit sérieux, sans cesse préoccupé d'apprendre et de se perfectionner. Pour lui, jamais les amusements frivoles n'obtenaient la préférence sur les distractions utiles ou instructives.

Avec ces heureuses dispositions, le

jeune collégien ne pouvait manquer d'accroître rapidement le petit cercle de ses connaissances. Il avait commencé de bonne heure les études de latin. Ses progrès y furent continus et toujours assurés. Chaque année, les nombreuses couronnes qui lui étaient décernées témoignaient à la fois de sa supériorité et de la variété de ses aptitudes. Doué d'un caractère doux et timide, il savait d'ailleurs gagner, sans effort, les sympathies de ses camarades. Loin de lui créer des jaloux, la constance de ses succès ne lui procurait que des admirateurs et des amis.

Les maîtres de Paul avaient également pour lui une estime particulière qui se traduisait par les témoignages les plus affectueux. Pouvait-il en être autrement, lorsque toutes les qualités de l'élève modèle semblaient être réunies chez cet enfant? Trop rarement on avait à lui reprocher quelques faibles écarts pour que jamais on eût à lui imposer de graves punitions. Avec une nature aussi droite, il suffisait de douces remontrances. Celles-ci, toujours docilement reçues étaient aussitôt mises à profit. Une fois, cependant, il n'en fut pas ainsi ; et notre élève, rompant avec ses habitudes de soumission, se maintint pendant plusieurs mois en opposition avec l'un de ses maîtres. Voici quel était le motif de ce dissentiment.

Moins expérimenté, sans doute, que ne le comporte la délicate mission de professeur, ce maître bien intentionné exigeait de ses élèves non-seulement la bonne exécution des devoirs prescrits, mais encore l'abstention de tout travail qui ne s'y rattachait point. Une peine, d'ailleurs équitable, atteignait presque toujours les délinquants. Or, avec son ardeur exceptionnelle à l'étude, souvent le docteur Planté parvenait à s'affranchir, avant l'heure, de la tâche quotidienne ; et pour lui, la règle imposée par le jeune professeur paraissait d'autant plus dure qu'il en comprenait moins la nécessité et surtout la rigoureuse application. Aussi, se laissait-il parfois entraîner à l'enfreindre au profit de quelque étude de prédilection. De la, certaines réprimandes du maître et, comme conséquence, le mécontentement persistant de l'élève.

Sans doute, transgresser ainsi la

règle commune était un acte répré-
hensible. Mais, pour un tel délit,
qui ne trouverait les meilleures
excuses, surtout lorsque son auteur
est un enfant aussi ennemi de toute
futilité que passionné pour les
études sérieuses?

C'est pendant les premières années de son séjour à la Trinité que
Paul Planté eut le chagrin de perdre
sa sœur bien aimée, jeune fille à
peine adolescente qui faisait avec
lui le bonheur de la famille. Par
cette mort, aussi cruelle qu'inatten-
due, il devint désormais l'unique
espoir de ses parents; et ceux-ci,
déjà si pleins de sollicitude pour
leur fils, concentrèrent à l'avenir
sur lui seul leur inépuisable affec-
tion.

Quelque temps après le douloureux événement qui avait frappé la famille Planté, Paul tomba lui-même dangereusement malade. Il s'agissait d'une attaque violente de rhumatisme aigu. Le pauvre patient, atteint dans les articulations, était assailli au moindre mouvement par d'horribles souffrances. Pendant plusieurs jours, sa vie même parut être compromise.

Pour triompher du mal, on le pense bien, rien ne fut négligé. Les soins les plus intelligents, les précautions les plus minutieuses, des secours de toutes sortes furent, nuit et jour, prodigués à l'intéressant malade. Grâce à cette assistance dévouée, la guérison, quoique chèrement achetée, put être enfin heureusement obtenue. Mais, ainsi qu'il arrive trop souvent à la suite de telles atteintes, le cœur du jeune convalescent conserva de la maladie des traces matérielles et indélébiles.

Cependant, à peine remis de ce cruel assaut de souffrances, le docteur Planté reprit avec une nouvelle énergie le cours interrompu de ses études. Avec son ardeur habituelle au travail, effacer les retards que la maladie lui avait imposés devait être, pour lui, chose facile et de courte durée. C'est, en effet, ce qui arriva. Réalisant comme par le passé d'incessants progrès, il parvint bientôt, sans nouvelle entrave, au terme de ses classes latines. Le 2 août 1861, il fit ses adieux au collége; et, quelques jours après, la Faculté de Besançon lui conférait le titre de bachelier ès lettres. Il était alors âgé de 19 ans.

*
* *

A la Trinité, le docteur Planté s'était trouvé dans un milieu merveilleusement approprié à son excellente nature. Ses précieuses qualités avaient pu s'y développer de la façon la plus heureuse. Quoique placé très-jeune dans cette maison, il n'avait pas tardé à en goûter l'enseignement paternel, de même que l'esprit et la discipline salutaires. Aussi, ses années de collége furent-elles, pour lui, des années de bonheur, pendant lesquelles il vécut estimé et aimé de tous, de ses maîtres comme de ses condisciples.

Joyeux possesseur d'un diplôme,

qui était comme la consécration du succès de ses études, Paul Planté, avec la fortune dont il était appelé à jouir, pouvait assurément borner là son ambition. Celle de ses parents se trouvait satisfaite, et le plus ardent désir de madame Planté était de voir désormais son fils vivre à ses côtés. Mais le jeune bachelier avait de plus hautes aspirations. Dédaignant les distractions frivoles à l'égal du désœuvrement, il n'entrevoyait, dans le séjour de son village, aucune ressource qui pût le soustraire à cette alternative redoutée. Un autre théâtre devenait donc nécessaire à son activité. D'ailleurs, il n'ignorait pas que la dignité et le mérite personnels sont les seuls fondements sérieux de la vraie considération ; et, dans son esprit, travailler, en vue de se rendre utile, était un devoir impérieux.

Outre l'attrait particulier que Paul trouvait à la médecine, l'étude de cette science lui paraissait être encore le moyen le plus sûr de réaliser ses desseins charitables. Grâce aux secours précieux que la profession médicale permet de porter à tous, il espérait, par elle, mériter dans un avenir prochain la reconnaissance de ses compatriotes, et se créer une existence à la fois honorable et bienfaisante. Ce fut, en conséquence, vers la médecine qu'il dirigea ses pensées.

Mais, pour atteindre ce but si louable, cinq années d'un travail assidu, passées loin de la famille, devenaient absolument indispensables. Comment, dès lors, triompher,

sur ce point, des résistances maternelles ? Car madame Planté, dans
l'excès de son amour, refusait de
consentir à une nouvelle séparation,
et sa résolution, à cet égard, était
d'autant plus difficile à vaincre
qu'elle émanait d'un sentiment plus
naturel. Paul n'ignorait point la
gravité de cet obstacle. Bien que sa
piété filiale le rendît très-réservé
dans les instances qu'il adressait à
sa mère, il n'en sollicita pas moins,
avec une grande persévérance, la
faveur d'un consentement.

Enfin, M. Planté, sentant lui-
même tout ce qu'il y avait de noble
et de légitime dans les projets
de son fils, résolut de lui prêter
l'appui de son influence. Cette in-
tervention fut décisive. Madame
Planté finit par concéder ce que son

extrême amour lui avait fait jusque-
là refuser, et le départ de Paul fut
définitivement autorisé. C'est ainsi
qu'après avoir vécu, depuis sa sor-
tie du collége, environ trois mois
dans le bonheur et les joies de la famille, s'occupant à recevoir et à vi-
siter ses amis, passant des plaisirs
de la musique, du dessin et de la
photographie à ceux de la chasse
et des exercices du corps, le futur
docteur quitta de nouveau son paisible village pour prendre, cette
fois, le chemin de la tumultueuse
capitale.

II.

Ce fut en novembre 1861 que
Paul Planté vint habiter Paris. Il
était accompagné de son père, qui,
désireux de le recommander à quelques compatriotes bienveillants, le
présenta, dès son arrivée, à M. Ferry,
à M. Garcin et à M. Charles Po-
thier. Accueilli partout avec l'em-
pressement le plus sympathique,
Paul eut en outre la satisfaction de
retrouver, parmi les étudiants de la
capitale, plusieurs amis intimes au
nombre desquels il comptait son
cousin Alfred Planté, de Breu-

vannes, Jules Blaise, de Chatenoy, Henry de Rouyn et l'auteur de cette notice.

Ainsi protégé et entouré, le jeune étudiant goûta bientôt tous les charmes de la grande cité, sans connaître ni les inquiétudes, ni les ennuis de l'isolement. Du reste, avec ses prodigieuses ressources scientifiques, Paris offrait à son esprit studieux le puissant attrait d'un foyer inépuisable d'instruc-tion; et cette circonstance, à elle seule, eût suffi pleinement à lui faire aimer sa nouvelle existence.

Pour les études de médecine, les réglements universitaires exigeaient alors, comme aujourd'hui, que l'aspirant au grade de docteur justifiât du diplôme de bachelier ès sciences. Il était donc nécessaire que Paul,

pourvu seulement de celui des lettres, se mît en devoir d'obtenir le
titre qui lui manquait. Sur le conseil d'un ami, ce fut en effet l'objet
principal de ses études de première
année ; et, afin de ne pas compromettre par un travail excessif sa
santé bien raffermie, il consentit à
différer jusqu'à l'année suivante
son inscription pour la médecine.

Le diplôme désiré ne se fit pas
longtemps attendre; car, dès le
4 août 1862, Paul recevait de la
Faculté de Paris le titre de bachelier ès sciences. Mais là ne se bor-
nait point le fruit de son travail.
Indépendamment de l'instruction
spéciale dont témoignait le succès
de cet examen, son esprit avait fait
encore un grand nombre d'acquisi-
tions utiles. Sans jamais négliger

le but principal, Paul en effet savait poursuivre, avec un égal succès, d'autres objets de moindre importance. Persuadé que la diversité même des occupations est une source puissante de distraction et de repos, il excellait à utiliser ses loisirs par la culture simultanée de plusieurs ordres de connaissances. Sur les bancs du collége, cette faculté précieuse l'avait déjà conduit à ajouter, aux devoirs quotidiens de la classe, certaines études de prédilection qui le délassaient en l'instruisant. C'est en suivant ce même procédé, pendant la première année de son séjour à Paris, qu'il parvint non seulement à acquérir des notions importantes sur plusieurs sciences qui confinent à la pratique médicale, mais encore à étendre et perfectionner celles qu'il possédait sur la musique instrumentale.

Après ces fortes études préparatoires, on devine sans peine que Paul Planté put aborder de la façon la plus fructueuse les difficultés de la médecine. Il trouvait, d'ailleurs, à celle-ci une sorte d'attrait inné, et c'était avec bonheur qu'il se voyait en état de lui consacrer désormais la meilleure partie de ses veilles. D'une assiduité constante aux leçons de quelques maîtres préférés, il apportait à leur enseignement une attention soutenue et savait toujours tirer de ce travail le plus grand profit. Avec sa mémoire exceptionnelle, il pouvait sans effort tout retenir, comme son intelligence lui permettait de tout comprendre. Rentré dans le calme de sa cellule d'étudiant, il fécondait par la réflexion les aperçus qu'il avait ainsi recueillis, et consignait ensuite, dans des notes substantielles, ses remarques particulières.

Grâce à ses éminentes facultés et à cet amour extrême pour l'étude, Paul ne cessa d'accomplir en médecine les progrès les plus sérieux comme les plus rapides. Devançant toujours, par le degré de son instruction, le niveau de l'enseignement destiné aux élèves de sa section, il semblait se tracer lui-même librement sa marche, plutôt que suivre avec docilité les voies communes. Chaque année, l'époque des examens devenait pour lui l'occasion d'un succès assuré. Loin de fuir cette épreuve, tant redoutée

des incapables et des paresseux, il
était au contraire des premiers à la
désirer; et toujours, il la subissait
sans défaillance comme sans hésita-
tion, avec cette confiance modeste
que donne seul le véritable savoir.
Plus tard, quand arriva la série des
actes probatoires, il ne montra ni
moins de sûreté ni moins de distinction. Ces épreuves définitives
lui valurent, en effet, de la part de
ses maîtres les mêmes témoignages
de satisfaction que les précédentes.

Quoique seulement au début
de sa deuxième année de médecine,
Paul, après le concours de 1863,
avait été reçu, dans un rang honorable, élève des hôpitaux de Paris.
C'est à ce titre que, pendant deux
années, il remplit avec sa ponctualité
et son dévouement habituels les

fonctions d'externe à l'hopital Nec-
ker, puis à l'hôpital de la Pitié.

*
* *

Malgré la multiplicité de ses occupations, voulant néanmoins, dans
sa piété filiale, réaliser un vœu au-
trefois formulé par sa mère, le docteur Planté résolut d'ajouter à l'étude
de la médecine l'étude moins at-
trayante du droit. Il ignorait qu'en
exprimant ce désir, madame Planté
n'avait eu d'autre intention que
d'abréger, par un tendre artifice, la
durée d'une trop longue séparation.
Tandis, en effet, que la médecine
réclame de l'élève environ cinq années de travail pour atteindre au
doctorat, le droit, au contraire, n'en
exige généralement que trois pour

l’obtention de la licence. Telle avait été l’unique source des inspirations maternelles dans ces tentatives de persuasion en faveur de l’étude du droit.

Paul se mit donc à l’œuvre avec son ardeur accoutumée. Mais, craignant sans doute qu’on ne cherchât à le détourner de son entreprise, il en garda le secret, agissant en silence et à l’insu de tous jusqu’au moment où, en mars 1865, il put annoncer avec joie, à ses amis comme à sa mère, qu’il était bachelier en droit.

Cependant un tel cumul de travaux avait fini par causer au vaillant élève une réelle fatigue. Son application soutenue, jointe à une vie nécessairement très-sédentaire, avait déterminé chez lui de la faiblesse et de l’anémie, en même temps que réveillé un certain trouble dans les fonctions du cœur. Soucieux de cet état, et ne s'en ouvrant qu'avec beaucoup de discrétion même à ses amis les plus intimes, il fut alors affecté d'une sorte de mélancolie qui, jamais, n'atteignait la véritable tristesse ou l'humeur désagréable, mais qui, souvent, le portait à interroger, avec inquiétude, son organe malade. Usant ingénieusement à cet effet d'un instrument spécial, il parvenait à explorer lui-même et les bruits et les battements de son propre cœur. De là, une cause permanente de fâcheuses préoccupations.

Dans ces circonstances, la tranquillité de l'esprit était devenue non moins indispensable que le repos du corps. Paul heureusement fut des premiers à le comprendre, et il s'em-

pressa de retourner pour quelque
temps au sein de sa famille. Là sous
l'influence salutaire de l'air natal et
des satisfactions morales de toutes
sortes, il vit bientôt disparaître les
troubles de sa santé et, avec les
forces, renaître son ancienne gaieté.
Après cette courte trève à ses travaux, il revint alors à Paris, tout
joyeux de pouvoir en reprendre le
cours. Voulant, toutefois, s'appli-
quer d'une manière plus exclusive
à la médecine, il interrompit com-
plétement l'étude du droit jusqu'au
jour où il fut possesseur du diplôme de docteur.

Sans l'indisposition dont il venait
d'être atteint, Paul eût sans doute
affronté le concours de l'internat des
hôpitaux. Avec son savoir et ses
précieuses facultés, s'il eût pris cette

résolution, un nouveau succès lui était assuré. Les avantages scientifiques attachés à la position d'interne le firent un instant hésiter. Mais la nécessité, pour en tirer profit, de prolonger pendant plusieurs années son éloignement de la famille le fit renoncer à cette entreprise. Par sa persévérante énergie et son travail opiniâtre, il ne parvint pas moins à acquérir une instruction pratique presque aussi étendue que celle dont l'internat semble offrir le privilége. Non content de posséder sur la médecine et la chirurgie générales les connaissances requises pour leur exercice, il sut encore cultiver avec le plus grand fruit les diverses branches de cet art qu'on nomme des *spécialités*. A l'aide d'une constante et scrupuleuse observation des malades, de même que par une grande assiduité aux leçons des maîtres les plus autorisés, il ne tarda pas, en effet, à se familiariser non-seulement avec l'art des accouchements, la médecine légale et l'oculistique, mais encore avec la médecine et la chirurgie des enfants, la thérapeutique des affections de l'appareil urinaire, le diagnostic et la cure des maladies cutanées, etc.

D'une autre part, n'oubliant point qu'il était appelé à exercer sa profession au milieu d'une population agricole, Paul Planté ne négligea aucune des connaissances qui peuvent être utiles au médecin de campagne. C'est ainsi que, fidèle à ses habitudes de travail, il s'efforça d'enrichir son esprit d'une multitude de notions pratiques sur la physique et la chimie appliquées, sur les arts mécaniques, pour lesquels il avait une aptitude toute spéciale, sur la botanique, la viticulture, la taille des arbres, etc., etc. Mettant à profit ses promenades et ses excursions dans les environs de Paris, il pratiquait des herborisations, assistait aux expériences agronomiques, visitait les établissements d'eaux minérales, et savait ainsi, en donnant au corps un exercice indispensable, occuper utilement ses pensées, et multiplier les richesses de son intelligence.

Dès sa fondation, en 1864, l'Association scientifique de France l'avait compté parmi ses membres, et nul, plus que lui, n'était exact à ses réunions et à ses conférences.

Avec son but à la fois charitable

et patriotique, la société vosgienne de Paris ne pouvait non plus que gagner promptement les sympathies du docteur Planté. Aussi, lorsque en 1867, cette société se trouva solidement constituée, il s'honora d'en faire partie; et c'était toujours avec bonheur qu'il se mêlait à ses compatriotes dans ces festins modestes où la cordialité la plus franche ne cesse de s'allier aux vivants souvenirs du pays.

Enfin, le 7 mai 1867, arrivé au terme de ses études médicales, Paul soutint avec distinction sa thèse *sur l'Ovariotomie* et fut ensuite proclamé docteur. Dans ce mémoire, dont le style clair, correct et sobre répond si parfaitement au caractère du sujet, on trouve non seulement un exposé lumineux des

détails de cette grande opération
chirurgicale, mais encore, çà et là,
des aperçus ingénieux ou des vues
originales qui montrent combien
le docteur Planté savait féconder
de ses remarques personnelles le
résultat de l'expérience des autres.

Heureux du succès si légitime
qu'il venait d'obtenir, le jeune docteur alla de nouveau prendre quelque repos dans sa famille. Mais
bientôt le désir d'achever ses études
de droit le ramena dans la capitale.
Une autre préoccupation, d'ailleurs, concourait à l'y rappeler.
Il voulait, dans cette dernière campagne scolaire, approfondir la pratique de plusieurs spécialités médicales sur lesquelles il ne se croyait
pas suffisamment exercé. Et, non
content de réaliser un tel pro-

gramme, il ne cessa, comme par le passé, d'accroître encore ses connaissances sur une foule d'objets étrangers à la médecine et au droit. Pour ce dernier point, l'Exposition universelle qui alors étalait ses incomparables merveilles vint, de la façon la plus opportune, servir ses desseins en lui facilitant l'acquisition d'un grand nombre de données utiles sur les sciences d'application. Dans ses fréquentes visites au milieu de tant de richesses accumulées, il se plaisait à examiner tout, cherchait à se rendre compte des moindres détails, et, s'il en était besoin pour éclairer son jugement, il ne manquait pas de recourir aux explications de quelque personne compétente.

Pour tout autre que le docteur

Planté, des occupations si com-
plexes eussent été, sans doute, un
écueil redoutable; car, en disper-
sant les pensées sur une multitude
d'objets secondaires, elles auraient
pu compromettre l'objet principal,
c'est-à-dire les examens de droit.
Mais une telle éventualité, pour lui,
n'était pas à craindre. Son intelligence et son activité étaient capables
de suffire à tout. Aussi, ses actes probatoires furent-ils, en droit comme
en médecine, constamment heureux,
et, le 21 août 1868, après avoir sou-
tenu devant la Faculté une thèse sa-
vamment faite, sur *les Substitutions,*
il reçut son diplôme de licencié.
C'était là le dernier couronnement
de ses études. Désormais, libre de
toute entrave scolastique, il allait
pouvoir, enfin, se livrer au cours de

ses prédilections. Il quitta, dès lors, définitivement la capitale pour revenir, au sein de sa famille, dans son cher village de Martigny. Il était à peine âgé de vingt-six ans et demi.

III

Pendant les sept années qu'il vécut à Paris, le docteur Planté ne cessa jamais d'habiter le quartier latin, centre traditionnel des écoles, des bibliothèques et des richesses scientifiques de tout genre. S'il changea plusieurs fois de demeure, cherchant toujours à approprier sa modeste chambre d'étudiant aux exigences de sa santé, il resta, au contraire, constamment fidèle à sa pension primitive de la rue Férou. C'est là, en effet, que se réunissait chaque jour à la table de l'hôtel Fénelon, une société aussi nombreuse que choisie. C'était là que Paul, après les fatigues de son travail, aimait à se retrouver au milieu d'un cercle d'amis, tous unis par le cœur, comme par la communauté des sentiments et des croyances.

Dans cette réunion d'intimes que composaient un grand nombre d'hommes jeunes et distingués, les uns peintres ou littérateurs, les autres avocats, journalistes ou médecins, on s'entretenait toujours avec plaisir, et souvent avec animation des sujets les plus divers. La matière jamais ne faisait défaut. Les beaux-arts, la littérature, les questions de droit et de législation, les sciences naturelles, la médecine, la physique et la chimie, les productions scientifiques de tout ordre, de

même que les faits les plus impor-
tants du jour alimentaient sans cesse
des conversations aussi instructives
que piquantes. Assez souvent même,
les convives ne se bornaient pas à
un simple échange de réflexions,
mais ils se livraient à des discussions
savantes qui jamais ne manquaient
de verve ni de gaieté. Et, quand la
question en une fois n'avait pas été
résolue, ce qui était chose rare, on
se séparait néanmoins l'esprit satis-
fait et reposé, chacun se flattant de
pouvoir bientôt la reprendre avec
des arguments plus péremptoires.

Outre le plaisir que le docteur
Planté trouvait à vivre dans cette
société toute sympathique, il était
heureux encore de profiter des en-
seignements qui résultaient de ces
discussions amicales. Lui-même

d'ailleurs, quoique très-réservé, se mêlait quelquefois aux débats, et lorsqu'il intervenait, le plus souvent c'était avec des raisons décisives. Sa parole simple et discrète ne manquait jamais d'autorité; par cela même qu'elle était plus sobre, on l'entendait avec plus de plaisir et on la désirait davantage.

* *

Le docteur Planté avait la taille légèrement élevée et le corps plutôt grêle que robuste. Sa démarche était simple, son attitude modeste, sa mimique peu accentuée. La gravité, la réflexion et une certaine timidité caractérisaient, en effet, l'ensemble de sa personne. Son front large et méditatif, ses traits réguliers, son regard doux et sympathique donnaient à sa physionomie une expression agréable et intelligente.

La modestie chez lui était une vertu en quelque sorte innée : jamais il ne parlait de ses actes de bienfaisance ni de ses propres qualités dont il semblait, du reste, ignorer jusqu'à l'existence. Bien plus, il avait de lui-même une telle défiance que rarement il osait se commettre au début d'une conversation ou d'une discussion. Aimant mieux, selon le précepte du sage, écouter et s'instruire que discourir et se mettre en évidence, il attendait prudemment, pour surmonter sa timidité, que les interlocuteurs eussent révélé leurs opinions et leur caractère, comme le degré de

leur intelligence et de leur science.
Sa perspicacité, sur ce point, le ser-
vait à merveille : car, nul plus que
lui n'excellait à discerner l'homme
de talent et de vrai savoir, du par-
leur éblouissant et superficiel.

Mais, quand une fois Paul abor-
dait la matière en discussion, combien il étonnait, par son argumen-
tation calme et rigoureuse, ceux
qui avaient pris sa modestie pour
de l'ignorance, et sa réserve pour
une impossibilité de parler! Combien ceux-ci, après l'avoir entendu,
regrettaient parfois de n'avoir pas
eux-mêmes gardé le silence! C'est
que, grâce à la rectitude de son jugement et à la richesse de ses connaissances, il savait en beaucoup
de choses mettre la vérité en lu-
mière, et distinguer le douteux du

certain ou le faux du réel. Ses cau-
series, pour être exemptes de pré-
tention, n'en étaient ni moins atta-
chantes, ni moins instructives.

Esprit essentiellement pratique,
sage et persévérant, le docteur
Planté ne montrait ni goût, ni in-
clination pour les théories creuses,
les utopies ou les hardiesses dépla-
cées. Avant d'entreprendre soit une
démarche importante, soit un travail sérieux, il en mesurait toujours
avec sagacité les difficultés et les
conséquences. Aussi, toute chose
par lui commencée était-elle sûre-
ment conduite à bonne fin; et, à cet
effet, sa patience n'avait d'égale que
son ardeur à poursuivre la perfec-
tion.

D'un caractère franc, paisible et
bienveillant, Paul se conciliait natu-

rellement l'amitié ou l'estime de tous ceux qui avaient avec lui des relations. S'il rencontrait parfois des contradicteurs, on peut dire que jamais il ne trouvait d'ennemi. Ses soins généreux et sa constante bonté pour les malades lui valaient quelquefois des marques touchantes de reconnaissance ; quant à des paroles de reproche ou à des indices de mécontentement, il n'en connut jamais.

Élevé pieusement dans les principes du catholicisme, le docteur Planté était resté constamment fidèle à ses croyances, et il pratiquait ses devoirs religieux sans faiblesse comme sans ostentation. A cet égard, il se montrait chrétien aussi fervent qu'il était étudiant exemplaire. Ne manquant, d'ailleurs, ni d'énergie ni de résolution, il savait non-seulement se conduire avec sagesse et toujours se maîtriser lui-même, mais il savait encore condamner et fuir les influences pernicieuses, de même que flétrir et repousser tout ce qui est bassesse ou mensonge. Aussi, n'avait-il à regretter dans son passé aucune défaillance morale, ni aucun des actes que réprouve l'honnête conscience.

*
* *

Tels étaient les antécédents, le caractère et les sentiments du docteur Planté lorsqu'il revint dans son village pour y continuer son existence à la fois si honorable et si laborieuse. Ses parents, au comble de la joie et du bonheur, se sentaient fiers de posséder un tel fils. Toutes les préoccupations que leur avait causées son absence venaient enfin de disparaître et de faire place à une indicible satisfaction.

De son côté, Paul n'était pas moins heureux de pouvoir désormais réaliser des projets depuis longtemps médités. La pratique des diverses branches de la médecine et de la chirurgie; une installation appropriée, soit à Martigny, soit à Contrexéville où il se proposait d'exercer pendant la saison des eaux; le choix d'une compagne vertueuse qui répondît à son amour et à ses goûts modestes; des occupations variées dans lesquelles il savait ingénieusement mettre à profit les richesses de son savoir; enfin, les distractions que lui procuraient la musique, la photographie et la chasse ; telle était la diversité des objets qui occupaient tour à tour ses pensées et ses réflexions ou qui servaient d'aliment à son travail et à son activité. Déjà quelques malades, auxquels il avait généreusement prodigué ses soins, bénissaient son nom, sa science et son dévouement ; déjà il commençait à recueillir, pour fruit de son zèle charitable, ces touchants témoignages de gratitude, qu'il estimait être la plus douce des récompenses, lorsque tout à coup un événement fatal vint briser sa noble existence et plonger dans le deuil toute sa famille, ses amis et ses compatriotes.

Atteint subitement, dans la matinée du 6 décembre 1868, de violentes douleurs d'entrailles, Paul, en un instant, sentit ses jours gravement menacés. Ces horribles souffrances paraissaient être, en effet, la conséquence d'une obstruction de l'intestin. Grâce, cependant, à l'action d'un remède efficacement employé, bientôt il se produisit une amélioration qui fit cesser les alarmes, en même temps que renaître l'espérance. Mais, vain espoir! Après une courte trêve, survint une péritonite à marche précipitée, et, dès lors, le pauvre patient, aussi courageux que résigné, s'efforça inutilement de lutter contre les rigueurs du mal. Trois jours à peine s'étaient écoulés, depuis les premiers accidents, que, sans être encore privé de connaissance, il perdit tout à coup l'usage de la parole. Cinq minutes plus tard il avait cessé de vivre. Ses vingt-sept ans n'étaient pas encore accomplis.

Ainsi mourut cruellement avant l'heure, au milieu de la consternation et des regrets de tous, ce fils si affectueux et si digne, cet ami si plein de cœur, ce médecin si dévoué et tant aimé. Par son caractère, ses qualités et ses vertus, comme par son intelligence, sa science et son activité, il était appelé à devenir, non-seulement un bienfaiteur persévérant des pauvres, mais encore un conseil désintéressé et un guide aussi sûr que prudent pour ses compatriotes. De toutes ces espérances, aujourd'hui, hélas! que reste-t-il? Des larmes et un souvenir.

Puissent, du moins, les larmes se sécher! car Paul, en nous quittant, n'a fait que changer de demeure.

Puisse le souvenir, au contraire, ne s'effacer jamais! puisque c'est le souvenir d'un homme de bien dont la devise fut toujours : *devoir et travail.*

PARIS. — IMP. VICTOR GOUPY, 5, RUE GARANCIÈRE.

9 782019 26700